1

Einführung ins Darknet

Darknet ABC

Martin Hoffer

Bibliografische   Information   der   Deutschen
Nationalbibliothek:

Die Deutsche Nationalbibliothek verzeichnet diese
Publikation in der Deutschen Nationalbibliografie;
detaillierte bibliografische Daten sind im Internet über
http://dnb.dnb.de abrufbar.

Herstellung und Verlag: BoD –
Books on Demand, Norderstedt

ISBN: 978-3-752834994

Inhaltsverzeichnis

Intro

Das Internet, das auf täglicher Basis sowohl von individuellen Benutzern als auch von kommerziellen Firmen und Organisationen verwendet wird, beinhaltet sämtliche Sites und Portale, die von einem öffentlichen Web Browser indiziert sind.

Diese Sites und Portale sind miteinander via eingehender und ausgehender Links verbunden. Diese Seiten werden von Indizierungs-Robotern eingelesen, indem Links verwendet werden, die zu ihnen hin und von ihnen weg zu anderen Websites führen.

Von diesen Seiten wird erwartet, dass sie statisch sind, auf Servern installiert und sichtbaren HTML-Code haben. Jede Veränderung am Webportal oder irgendeiner Seite führt dazu, dass neuer Inhalt auf den Server hochgeladen wird. Auf diese Weise ist der gesamte Vorgang sichtbar und öffentlich. Ein weiteres Feature des Internets ist die DNS- (Domain Name System) Datenbank, die Hostnamen mit ihren IP-Adressen assoziiert.

DNS-Datenbanken werden definiert und verwendet, um Transparenz zu ermöglichen, den Fluss an Informationen zu kontrollieren und User vor Spam und bestimmtem Inhalt zu schützen. Zunehmende Kontrolle und Überwachung der Internet-User im Hinblick auf Informationen und Inhalte, die sie veröffentlichen, und Portale, die sie besuchen, hat zur Entwicklung einer unterschiedlichen Version des Internets geführt, bei dem der Grad an Anonymität höher ist.

Viele User sind sich darüber im Klaren, dass alles, was im Internet veröffentlicht wird, permanent in irgendeiner Form sichtbar bleiben wird. Das ist der Grund, warum selbst der durchschnittliche User auf die Idee kommt, dass zumindest für manche Aktivitäten das so genannte Dark Web oder Deep Web verwendet werden sollte. DARKNET ist ein allgemeines Netzwerk, das nur mittels spezieller Software, Konfiguration oder mit Autorisation betreten werden kann, oftmals unter Verwendung von nichtstandardgemäßen Kommunikations-Protokollen und Ports.

Anders als statische Seiten aus dem indizierten Teil des Internets (sichtbares Internet), sind DARKNET-Seiten dynamisch, mit HTML-Code, der auf Ergebnissen basiert, der aus Inhalten von ihren eigenen Datenbanken empfangen wird. Diese Methode, unabhängige Websites zu kreieren, macht das Einlesen der Site für Indizierungs-Roboter unmöglich. Genau genommen ist dies einer der Gründe, warum diese Seiten nicht indiziert vom öffentlichen Web Browser bleiben.

Von einer anderen Seite aus betrachtet, beinhalten DARKNET-Websites reichen Inhalt, der für Routine-Kommunikation und Propaganda-Verbreitung verwendet wird. Diese Foren beinhalten statische und dynamische Textdateien, Archivdateien und verschiedene Formen von Multimedia. Das Sammeln solcher diversen Inhaltstypen stellt viele einzigartige Herausforderungen dar, die nicht beim gewöhnlichen „Spidering" von indizierbaren Dateien auftreten. Nebenbei bemerkt muss ein Dark Web Forum Crawler ebenso die Vorzüge verschiedener Sammlungs-Update-Strategien bewerten.

Dies ist der Grund, dass die Idee hochgradiger Anonymität bei Kommunikation und Arbeit von böswilligen Nutzern missbraucht wurde, um verschiedenen illegalen Tätigkeiten nachzugehen, von Escort-Services über Drogenvertrieb und Waffen bis hin zu Menschenhandel.

Dieses Dokument ist wie folgt gegliedert. Der zweite Teil zeigt den theoretischen Hintergrund des Deep und Dark Web, verschiedene Möglichkeiten des Zugriffs, sowie Ähnlichkeiten und Unterschiede mit dem sichtbaren Teil des Internets. Der dritte Teil präsentiert Beispiele für die Nutzung von DARKNET-Diensten aus einer User-Perspektive.

Ebenso werden Beispiele verschiedener illegaler Aktivitäten präsentiert, wie sie bei der Suche nach DARKNET auftreten. Der vierte Teil diskutiert die Schlüssel-Schlussfolgerungen dieser Studie. Der letzte Abschnitt bietet eine Liste an Referenzen, um Informationen übers DARKNET und illegaler Aktivitäten darin zu sammeln.

Kapitel 1

Was das DARKNET ist

In der Literatur und beim täglichen Gebrauch werden zwei Begriffe verschränkt miteinander gebraucht, wenn man sich auf den nicht indizierten Teil des Internets bezieht: DARKNET ist ein Begriff, der alles umspannt, was Google und andere öffentliche Internet Browser nicht indizieren und was deshalb nicht als Suchergebnis zurückgegeben werden kann.

Dies können triviale Dinge sein wie Kommentare in Foren, auf die nur von registrierten Nutzern zugegriffen werden kann, Facebook Posts, die so eingestellt sind, dass nur Freunde sie sehen können, privater YouTube Inhalt, der nur durch einen weitergeleiteten Link betrachtet werden kann. Ebenso akademische Artikel, die eine Abogebühr erfordern, um darauf zugreifen zu können, sowie viele ähnliche Inhalte.

Das Dark Web ist ein bestimmter Anteil an Inhalt im Deep Web, der für die Promotion und Verteilung illegaler Aktivitäten genutzt wird. Websites, die es erlauben, mit illegalen Aktivitäten zu handeln, sind meistens hinter Onion Webdomains versteckt und auf sie kann mit speziellen Suchmaschinen zugegriffen werden.

DARKNET ist beinahe vollständig anonym und deshalb wird es von Gruppen verwendet, die vor Regierungseinrichtungen und Rechtsvollstreckungsagenturen versteckt bleiben wollen. Um die User solcher Systeme noch weiter zu schützen, werden Geldtransaktionen mit einer speziell kreierten Digitalwährung namens Bitcoin durchgeführt. Erstellung und Verschlüsselung der Währung wird von der Organisation unterstützt, die die Bezahlung managt, den Bitcoin Transfer und die Konvertierung in konventionelle Zahlungsflüsse.

Eine der Möglichkeiten, auf das DARKNET zuzugreifen, ist das Tor-(Der Onion Router) Netzwerk, dessen hauptsächlicher Zweck es ist, als Gateway zu diesem Teil des Internets zu fungieren. Um die Adresse des Internet-Nutzers zu verstecken, leitet Tor Signale durch annähernd 6.000 Server um.

Um also eine private und sichere Verbindung im Tor-Netzwerk herzustellen, baut die Client-Applikation inkrementell eine Verbindung zwischen der Quelle und dem Ziel von Datenpaketen auf, welche aus einer verschlüsselten Verbindung zwischen zufällig ausgewählten Serverknoten besteht.

Diese Beziehung erfolgt in Stufen, so dass jeder individuelle Server nur weiß, welche Server-Pakete empfangen werden und an welchen Server sie weitergeleitet werden sollen. Dies wird erreicht, indem ein spezieller Schlüssel zur Verschlüsselung bei jedem Schritt verwendet wird. Wenn einmal eine Verbindung hergestellt wurde, ist es möglich, verschiedene Arten von Daten mittels unterschiedlicher Software-Pakete zu übermitteln.

Neben Tor – was in den meisten Fällen verwendet wird, um Dateien zu teilen – ist es eine I2P (Invisible Internet Projekt) Netzwerk-Schicht, die verwendet wird, um anonyme Kommunikation zwischen Applikationen zu gewährleisten. Diese Schicht unterstützt eine Vielzahl an Protokollen und Applikationen. Jede zustande gekommene Verbindung zwischen zwei Usern wird durch spezielle Verschlüsselung geschützt. Beim Vergleich der Funktionalität und Sicherheit, die von Tor und I2P geboten wird, hat sich gezeigt, dass I2P resistenter gegenüber Attacken ist, indem Verkehrsflussdaten analysiert werden.

Freenet ist eine weitere ähnliche Lösung, die einfacher und bequemer für die breite Masse ist. Zugang wird vom Browser aus erledigt, während die Applikation im Hintergrund eine Verbindung herstellt. Der User kann den Sicherheits-Level im Netzwerk auswählen. Sämtliche Kommunikation und Austausch von Dateien findet via P2P statt und jedes Mal, wenn man eine Verbindung herstellt, wird ein neuer Pfad kreiert. Aus diesem Grund dauert das Wiederöffnen von Seiten länger als es bei den vorgenannten Sektoren und Technologien der Fall ist.

Die polizeiliche Tatsache, dass annähernd 300.000 Deutsche in irgendeiner Form auf das DARKNET-Netzwerk zugreifen, belegt die Beliebtheit dieses Dienstes. Die Daten zeigen, dass auf einer globalen Ebene mehr als drei Millionen User auf den Inhalt des Dark Web zugreifen. Wenn wir die Größe der Daten, die im Dark Web gespeichert sind, vergleichen, dann sind sie vierzig Mal größer als der sichtbare Teil des Webs und betragen ungefähr 750 Terabytes. Der gesamte Inhalt ist größtenteils in spezifischen Datenbanken gespeichert, als Eigentum der Organisationen und Individuen. Darauf basierend, macht der sichtbare Teil des Webs ungefähr 4% aus, während die restlichen 96% zum Deep Web gehören.

Kapitel 2

Beispiele der Verwendung von DARKNET-Diensten

In verschiedenen Forschungstypen werden fünf Kategorien terroristischer Aktivitäten im Internet identifiziert. Diese Kategorien sind: Propaganda (radikale Nachrichten verbreiten), Rekrutierung und Training (Leute ermutigen, dem Jihad oder anderen terroristischen Vereinigungen beizutreten und Online-Training zu erhalten), Spendengelder sammeln (Beträge transferieren, Kreditkartenbetrug und jede andere Form von Geldwäsche betreiben), Kommunikation (Anleitungen, Ressourcen und Unterstützung via E-Mail, digitale Fotografie und Chat-Sitzungen anbieten) und Abzielen (Online-Überwachung und Identifikation von Schwachstellen und potenziellen Zielen wie Flughäfen). Neben diesen Kategorien sind DARKNET-Dienste in Verwendung bei vielen anderen Missbrauchsfällen.

Einige der Beispiele, die aus verschiedenen Quellen gesammelt wurden, werden in den folgenden Abschnitten beschrieben. Eins der Beispiele der Dark-Web-Verwendung wurde von den kompetenten Anti-Drogen-Einheiten veröffentlicht: Es ist ein Portal für

Drogen und andere illegale Güter, genannt Silk Road. Sein Gründer und Besitzer war Ross Ulbricht, ein 29jähriger Programmierer, der sich selbst das Pseudonym Dread Pirate Roberts gab. Erdrückende Beweise wurden auf seinem Laptop gefunden.

Von 2011 bis 2013 erschuf er ein Imperium, das 1,2 Milliarden Dollar wert war, nur mithilfe eines Laptops und des Internets. Nach nur drei Wochen Prozess befanden die zwölf Geschworenen Ulbricht für schuldig in allen sieben Anklagepunkten, inklusive einem über Geldwäsche, Drogenhandel und Computer Hacking. Er wurde entdeckt, als die Polizei eine Nachricht von 2010 fand, als er in einer Zeit der Sorglosigkeit interessierten Parteien nahelegte, Silk Road zu besuchen, einen anderen Namen nutzte („altoid"), unter dem er Profis in der Bitcoin Community als führende Entwickler aufsuchte und seine Adresse für Kommunikation nannte.

Diese Site wurde wie jedes andere Portal für Onlinekäufe betrieben. Bestellte Güter wurden von Postfirmen geliefert. Postfirmen checken nicht den Inhalt einer Sendung, um Kunden besseren Service zu bieten, was diese Methode der Lieferung eine sehr bequeme Art für illegalen Handel sein lässt. Gleichzeitig können Postfirmen Problemen begegnen, wenn die zuständigen Autoritäten ein Auge darauf werfen, wenn sie oft für diese Art der Lieferung verwendet werden.

Die Zähigkeit der Leute, die mit dieser Art Kriminalität umgehen, wird durch die Tatsache bewiesen, dass nur einen Monat nach Ulbrichts Verhaftung und Schließung des Portals, dieses wieder aktiv im Dark Web wurde, dieses Mal in Version 2.0. Die Site expandierte schnell und gemäß Daten des FBI hatte sie durchschnittlich 150.000 Besucher und ein monatliches Einkommen von ungefähr 8 Millionen Dollar durch den Verkauf von Gütern und Dienstleistungen. Nach einem Jahr Arbeit wurde die Site geschlossen und der Administrator Blake Benthall verhaftet.

Dies hielt nur eine Stunde. Danach wurde das Portal erneut gestartet und funktionierte weiter, dieses Mal in Version 3.0. Diese Tatsache demonstriert die Stärke des Dark Web und die Stabilität von Portalen darauf. 2012 besaß Silk Road eine Schwester-Site – The Armory, welche spezialisiert auf den Handel von Schusswaffen sowie stumpfer und scharfer Objekte zum Verletzen und Töten war.

Dieselbe Site ging nach einer Weile offline aufgrund schlechter Besucherzahlen. Der Verkauf von Waffen und Munition wird in ähnlicher Weise auf vielen Sites gehandhabt, manche davon garantieren Lieferung überall auf der Welt, unter dem Motto „Wir liefern global, weil alle Leute das Recht haben, sich zu verteidigen".

Alles kann gefunden werden, von Pistolen bis hin zu C4 Explosivstoffen. Die Lieferung erfolgt in speziellen Paketen, so dass sie Röntgeninspektion besteht oder wird oft in Spielsachen, verschiedenen anderen Instrumenten und elektronischen Apparaten verpackt.

Es gibt eine Reihe von Beispielen, bei denen Kinder verwendet wurden, um Geld zu verdienen.

2011 verhaftete Europol, in Koordination mit dreizehn verschiedenen Ländern 184 Leute, die des Kindesmissbrauchs und desVertriebs von Kinderpornographie in Form von Bildern verdächtig waren. Eine ähnliche Kampagne wurde im Vereinigten Königreich durchgeführt. Bei dieser Aktion wurden 650 Leute, die wegen verschiedener Formen von Kindesmissbrauchs angeklagt waren, vom Besitz von Kinderpornographie-Bildern bis hin zur Kuppelei verhaftet. Im Jahr 2015 wurden in Nordirland 37 Leute wegen der Anklage von Pädophilie und Vertrieb von Kinderpornographie mittels Tor verhaftet.

Es gibt Beispiele, die zeigen, dass DARKNET der perfekte Ort für Cyber Crime ist.

User können hier eine Vielzahl an Malware kaufen. Gleichzeitig können Besucher von Websites Opfer verschiedener Arten von Malware werden, die durch Phishing vertrieben werden. Eins dieser Malware ist Vawtrak – ein Banktrojaner, der via E-Mail verteilt wird (Sancho, 2015). Eine weitere große Gruppe von Malware, die im DARKNET gefunden werden kann, sind die CryptoLocker Malwares. Diese Malware führt nach dem Zugriff auf Dateien des Opfers eine Verschlüsselung durch. Nach der Verschlüsselung wird das Opfer auf eine Seite umgeleitet, wo es gebeten wird, eine Zahlung zu tätigen, wenn es wieder Kontrolle über seine Daten haben möchte. Sehr oft sind die Nachfrage nach Zahlung und Information, die für die Vollendung der Transaktion nötig sind, in der Muttersprache des Opfers geschrieben. Die Rolle von Tor bei diesen Transaktionen ist es, Sites für die Zahlung zu hosten, um Transaktionen mittels Bitcoin durchzuführen.

Zusätzlich zu Malware können interessierte Parteien das DARKNET nutzen, um Hacker anzuwerben, um in ihrem Interesse verschiedene Hack-Attacken durchzuführen. Abhängig von der Komplexität und dem Risiko der Aufgabe, schwanken die Preise von ein paar Dutzend bis zu mehreren tausend Dollars. Hacker bieten eine Vielzahl an Diensten, von der Änderung von Bewertung in Schulen bis hin zum Diebstahl von Zugriffcodes für verschiedene Funktionen und sensible Autoritätsdaten. Die chinesische Gruppe

Hidden Lynx behauptet von sich, hunderte professioneller Cyberdiebe zu haben, die in die Computersysteme von Google, Adobe und Lockheed Martin eingedrungen sind.

Für Menschen mit sinisteren Absichten und dem ernsthaften Willen, in die dunkle Welt des Dark Web abzusteigen, gibt es auch Dienste professioneller Auftragsmörder. Eins der Beispiele beschreibt eine Person mit Moral und hochflexiblen Geschäftsprinzipien, ein angeblich verifizierter Söldner „mit acht Jahren Erfahrung", der Dienste anbietet, die exklusiv in Bitcoin bezahlt werden. Während des Kontakts mit solchen Personen ist nur der Austausch an Information über das Opfer erlaubt. Es wird verlangt, dass sämtliche Kommunikation sowie jeder Kontakt per E-Mail verschlüsselt sein müssen. Wenn irgendein Teil der Kommunikation nicht verschlüsselt ist, wird er gelöscht.

Ein weiteres Portal, das solche Dienste anbietet, ist als Lovecraft bekannt. Die Werbung besagt, dass die Mitglieder der Organisation ehemalige Soldaten und Söldner der Fremdenlegion sind. Das Motto dieser Organisation ist: „Der beste Ort, um Ihre Probleme aufzubewahren, ist das Grab". Dieses Portal legt großen Wert auf den Schutz und die Privatsphäre von Kundenkommunikation.

Name, Heim- und Arbeitsadresse, so viele Fotos und Informationen wie möglich darüber, wo das Opfer lebt, Nummernschild, Beschreibung und Bild des verwendeten Fahrzeugs sind Informationen, die über das Ziel gebraucht werden. Abhängig von der Vereinbarung, bereitet sich ein Team von Killern auf den Job vor. Reise, Ortung und Tracking des Ziels benötigen etwa zwei Monate und die Kosten von Flugtickets, Waffen und Unterkunft sind im Anfangspreis nicht inbegriffen.

Ein Portal namens C'thulu bietet verschiedene Arten der Ermordung an, von gewöhnlich bis zu Folter, Vergewaltigung und Bomben. Die Preise der Dienste rangieren von $3.000 bis $180.000, abhängig von der gewählten Kategorie und dem sozialen Status des Opfers. Der Preis hängt natürlich davon ab, ob die zu ermordende Person den Massen angehört oder eine öffentliche Person ist, ein Politiker, ein Mitglied der Strafverfolgung etc.

Im DARKNET kann Falschgeld gekauft werden. Zusätzlich zu dem Geld wird fast immer eine Garantie gegeben, sowie eine Beschreibung des Herstellungsvorgangs, der zeigt – wie die Verkäufer sagen – dass das Falschgeld auf die selbe Weise wie echtes Geld hergestellt wurde. Alle Währungen, die es Wert sind, gefälscht zu werden, sind verfügbar, aber die Qualität und Quantität unterscheiden sich. Bei dieser Art Transaktion ist es üblich, für 600 Dollar 2.500 Dollar Falschgeld zu erhalten, für 500 Euro 2.000 Euro Falschgeld. Alle Transaktionen werden mit dem Versprechen ausgeführt, dass sie Routine-Checks bestehen können, inklusive dem mit ultraviolettem Licht. Natürlich wird in vielen Fällen die Bezahlung des Falschgeldes mittels Bitcoin abgewickelt.

Gestohlene Informationen über verschiedene Konten, Kreditkartennummern, Nummern von Bankkonten und Online-Auktionen können ebenfalls gekauft werden. Atlantic Carding ist ein Ort im DARKNET, wo Sie Informationen über anderer Leute Kreditkarten, Adressen und relevanter persönlicher Informationen kaufen können.

Die Preise variieren zwischen 5 und 80 Dollar. Die Qualität der Information hängt vom Preis ab. Andererseits wird der Kontenverkauf auf eine von zwei Arten geregelt.

Die erste Methode besteht in dem Kauf eines einzelnen Kontos: Es werden detaillierte Informationen über die Geldmenge darauf angeboten. Eine weitere Methode besteht darin, eine große Anzahl an Konten zu kaufen, von denen eine gewisse Anzahl wahrscheinlich gültig ist. Die erste Methode ist viel kostenintensiver, weil der Kunde Einblick in den Betrag auf dem Konto hat, was eine bessere Garantie dafür ist, dass der Betrag, der investiert wurde, wieder wettgemacht wird und zusätzliches Geld verdient wird. Zusätzlich gibt es die Möglichkeit, physische Abbuchungs- und Kreditkarten verschiedener Banken zu kaufen.

Es gibt mehrere Sites im DARKNET, die angeben, Pässe und Identitätsdokumente zu verkaufen. Der Preis dieser Dienste hängt vom Land ab, in dem die Dokumente produziert werden, sowie vom Verkäufer. Die Gültigkeit dieser Dokumente ist schwer zu überprüfen, besonders, wenn es um Staatsangehörigkeit geht. Diese Dienste können auch zum Betrug für Immigranten verwendet werden, die die Staatsangehörigkeit des Landes haben wollen, in dem sie sich unter allen Umständen aufhalten möchten. Zum Beispiel ist der Preis für Pässe, Führerscheine und Personalausweise für Australien 800 Euro bei einem Portal namens Fake ID. Auf dem selben Portal sind die teuersten Dokumente für die USA und die billigsten für Malaysia.

Zusätzlich zu dem oben Genannten können noch bizarrere Dinge im DARKNET gefunden werden, so wie der Handel mit menschlichen Organen. Gemäß manchen Websites kann eine Niere für $ 200.000 gekauft werden, ein Herz für $ 120.000, eine Leber für $ 150.000, ein Paar Augen für 1.500 US Dollar. Zusätzlich können verschiedene Schönheitsprodukte aus menschlichem Fleisch und Haut erworben werden. Es ist ebenso möglich, eine breite Vielzahl an Themen zu finden, die die verschiedenen Fetische bedienen. Manche dieser Inhalte sind Horror-Footage der letzten Gespräche und Wörter von Passagieren in einem abstürzenden Flugzeug, eines Gefangenen am Tag der Exekution (zum Beispiel der elektrische Stuhl in einem Gefängnis in Texas) oder pornographisches Material, in welchem Frauen kleine Tiere mit Schuhhacken verbinden. Verschiedene Angebote, in welchem Leute sich selbst als Essen anbieten oder andere Formen des Kannibalismus können auch gefunden werden. Im Dark Web gibt es ein wohlbekanntes Portal namens Red Room, der Platz, wo die Folter und Ermordung von Menschen via Live-Stream gezeigt werden.

Terroristen teilen ebenso ihre Ideologien im Web, die religiöse Kommentare bieten, um ihre Handlungen zu legitimieren. Basierend auf einer Studie von 172 Mitgliedern, die am globalen Salafi Jihad teilnehmen, wird abschließend festgestellt, dass das Internet eine konkrete Verbindung zwischen Individuen und einer virtuellen religiösen Gemeinschaft herstellt. Das Web übt einen Reiz auf isolierte Individuen aus, indem Einsamkeit durch Verbindungen zu Leuten gelindert wird, die gewisse Gemeinsamkeiten teilen. Solch eine virtuelle Gemeinschaft bietet eine Vielzahl an Vorteilen für die Terroristen. Sie bezieht sich nicht länger auf eine bestimmte Nation und verfolgt die Priorität, den weit entfernten Feind (z.B. die USA) zu bekämpfen statt den in der Nähe.

Internet-Chaträume neigen dazu, zu extremen, abstrakten, aber simplen Lösungen zu ermutigen, wodurch die meisten potenziellen Jihad-Rekruten angezogen werden, die keine islamischen Gelehrten sind. Die Anonymität von Internet-Cafés schützt ebenso die Identität der Terroristen. Jedoch kann das Internet nicht in einen direkten Zusammenhang mit dem Jihad gebracht werden, weil Hingabe an den Jihad von einer intensiven Periode der Unter-Vier-Augen-Interaktion gepflegt werden musste (Chen, Chung, Qing, Reid, Sageman & Weinmann, 2008). Zusätzlich verwenden existierende Studien über die Verwendung des Web durch Terroristen meistens einen manuellen Vorgang, um umfangreiche Daten zu analysieren. Solch eine Herangehensweise wird dem rapiden Wachstum des Web und der ständigen Änderung von Terroristen-Identitäten im Web nicht gerecht.

Alneda.com, eine der von der US-Regierung identifizierten terroristischen Websites, nannte sich selbst

„Zentrum für islamische Studien und Forschung" und bot Informationen für Al-Kaida an (Thomas, 2003). Für Gruppenmitglieder verwenden Terroristen motivierende Geschichten und Beschreibungen ihrer Operationen. Für die Massenmedien und Nicht-Mitglieder bieten sie Analyse und Kommentare kürzlicher Ereignisse auf ihrer Website. Zum Beispiel drängte Azzam.com Moslems dazu, nach Pakistan und Afghanistan zu reisen, um die „von Juden gedeckten amerikanischen Kreuzritter" zu bekämpfen. Eine weitere Website, Qassam.net, bat um Spenden, um AK-47 Gewehre zu kaufen.

Web-Portale im DARKNET werden auf verschiedene Weise geschützt. Eine der Hauptarten ist es, das Verhalten von Besuchern zu überprüfen, das keinem gängigen Muster folgt. Wenn Administratoren verdächtiges Verhalten bei Besuchern feststellen, starten sie einen grundlegenden Check. Überprüfung kann identifiziert werden, wenn ein Besucher nur die aktive Reihe im Text sehen kann, aber keine vorherigen Reihen.

Der nächste Schritt ist es, ein so genanntes Key-Logger-Programm auf dem Computer des Besuchers zu installieren, so dass sämtliche Tastatureingaben erfasst werden. Auf diese Weise wird maximale Kontrolle über sämtliche Aktivitäten des Besuchers erlangt, bis Administratoren überprüft haben, wer die Besucher sind und was ihre Absichten sind.

Kapitel 3

Ist die Überwachung des Darknet der beste Weg, um Cybercrime zu verlangsamen?

Cybercrime beginnt und endet mit gestohlener Information.

Laut ITProPortal könnte die Cybercrime-Wirtschaft größer sein als Apple, Google und Facebook zusammengenommen. Die Industrie ist zu einem organisierten Markt herangewachsen, der wahrscheinlich profitabler ist als der Drogenhandel.

Kriminelle verwenden innovative State-of-the-art-Tools, um Informationen von großen und kleinen Organisationen zu stehlen und verwenden sie dann entweder selbst oder, was am gängigsten ist, verkaufen sie anderen Kriminellen im Dark Web.

Kleine und mittelgroße Betriebe sind das Ziel von Cybercrime und Datenverletzung geworden, da sie nicht das Interesse, die Zeit oder das Geld haben, um Schutz gegen eine Attacke aufzubauen. Viele haben tausende Konten, die persönliche Identifizierungs-

Informationen, PII oder geistiges Eigentum beinhalten – das beinhaltet Patente, Forschung und unveröffentlichte elektronische Assets. Andere kleine Unternehmen arbeiten direkt mit größeren Organisationen zusammen und können als Zutritts-Portal funktionieren, so wie es bei der HVAC Firma bei der Target Datenverletzung gewesen ist.

Einige der hellsten Köpfe haben kreative Wege entwickelt, um wertvolle und private Informationen vor Diebstahl zu schützen. Diese Informations-Sicherheits-Programme sind mehrheitlich von defensiver Natur. Sie bauen im Wesentlichen einen Schutzwall auf, um Malware draußen zu halten und die Informationen sicher drinnen.

Gerissene Hacker entdecken die schwächsten Links einer Organisation und nutzen sie, um eine Attacke einzuleiten.

Unglücklicherweise haben auch die besten Schutzprogramme Löcher in ihrem Schutz. Hier sind die Herausforderungen, denen jede Organisation laut des Verizon Datenverletzung- Investigativ-Reports von 2013 begegnet:

- 76 Prozent von Netzwerkeinbrüchen erforschen schwache oder gestohlene Berechtigungen

- 73 Prozent aller Online-Banking-Benutzer verwenden ihre Passwörter auch für nicht-finanzielle Websites
- 80 Prozent von Überfällen beinhalteten Hacker, die gestohlenen Berechtigungen verwendeten

Symantec schätzte 2014, dass 45 Prozent aller Attacken von traditioneller Anti-Virus-Software entdeckt wird, was bedeutet, dass 55 Prozent aller Attacken unbemerkt ablaufen. Das Ergebnis ist, dass Anti-Viren-Software und Schutzprogramme nicht schritthalten können. Die bösen Jungs könnten sich bereits in den Wänden der Organisation befinden.

Kleine und mittelgroße Betriebe können großen Schaden durch Datenverletzung nehmen. Sechzig Prozent gehen nach einem Dateneinbruch innerhalb eines Jahres pleite, laut der National Cyber Security Alliance 2013.

Was kann eine Organisation tun, um sich gegen Dateneinbruch zu schützen?

Seit vielen Jahren bin ich Verfechter der Implementierung von „besten Praktiken", um persönliche Identifizierungsinformation innerhalb des Betriebs zu schützen. Es gibt grundlegende Praktiken, die jeder Betrieb implementieren sollte, um den Anforderungen von föderaler, staatlicher und industrieller Regeln und Regulationen gerecht zu werden. Es tut mir leid, sagen zu müssen, dass nur sehr wenige kleine und mittelgroße Betriebe diesen Standards gerecht werden.

Der zweite Schritt ist etwas Neues, von dem die meisten Betriebe und ihre Techniker noch nichts gehört haben oder was sie nicht in ihre Schutzprogramme implementiert haben. Es beinhaltet die Überwachung des DARKNETS.

Das DARKNET beinhaltet das Geheimnis, Cybercrime entgegenzuwirken. Cyberkriminelle handeln offen mit gestohlener Information im Dark Web. Es beinhaltet eine reichhaltige Zahl an Informationen, die die gegenwärtigen und zukünftigen Kunden eines Betriebs negativ beeinflussen könnten. Dies passiert dort, wo die Kriminellen ihre gestohlenen Daten kaufen/verkaufen/handeln. Es ist leicht für Betrüger, gestohlene Informationen zu ergreifen. Sie müssen das Geschäft infiltrieren und schändliche Taten vollbringen. Ein einzelner Datenraub könnte zum Geschäftsende eines Betriebs führen.

Glücklicherweise gibt es Organisationen, die ständig das DARKNET nach gestohlenen Informationen übermitteln, 24 Stunden täglich, 365 Tage im Jahr. Kriminelle teilen diese Informationen öffentlich über

Chaträume, Blogs, Websites, Bulletin Boards, Peer-to-Peer Netzwerke und andere Schwarzmarkt-Sites. Sie identifizieren Daten, während sie auf kriminelle Command-and-Control-Server von multiplen Ortschaften zugreifen, auf die nationale IP-Adressen keinen Zugriff haben. Die Anzahl an kompromittierter Information ist unglaublich. Zum Beispiel:

Millionen kompromittierter Berechtigungsnachweise und BIN-Kartennummern werden jeden Monat „abgeerntet". Schätzungsweise eine Million kompromittierter IP-Adressen werden jeden Tag „abgeerntet". Diese Informationen können im DARKNET für Wochen, Monate oder manchmal Jahre verbleiben, bevor sie benutzt werden. Eine Organisation, die gestohlene Informationen überwacht, kann beinahe sofort sehen, wenn ihre gestohlenen Informationen auftauchen. Der nächste Schritt ist es, proaktive Schritte zu unternehmen, um die gestohlenen Informationen zu bereinigen und zu verhindern, was ansonsten ein Datenraub oder Geschäftsidentitätsraub werden könnte. Die Information wird im Wesentlichen nutzlos für den Cyberkriminellen.

Was würde passieren, wenn die meisten kleinen und mittelgroßen Betriebe dieses Darkweb-Monitoring ernst nehmen würden?

Der Effekt könnte für die kriminelle Seite des DARKNET verheerend sein, wenn die Mehrheit der Betriebe dieses Programm implementieren und Vorteile aus der Information ziehen würden. Das Ziel ist es, gestohlene Informationen so schnell wie möglich nutzlos zu machen.

Es wird keinen großen Einfluss auf Cybercrime geben, bis die Mehrheit kleiner und mittelgroßer Betriebe diese Form der offensiven Handlung implementiert hat. Cyberkriminelle zählen darauf, dass nur sehr wenige Betriebe proaktive Aktionen durchführen. Wenn aber wie durch ein Wunder Betriebe aufwachen und handeln würden, würden wir einen gewaltigen Einfluss auf die Cyberkriminalität feststellen.

Berechtigungsnachweise und IP-Adressen zu bereinigen, ist nicht kompliziert oder schwierig, wenn man erst mal weiß, dass die Informationen gestohlen worden sind. Es sind die Betriebe, die nicht wissen, dass ihre Informationen gestohlen wurden, die am härtesten getroffen werden.

Ist dies der beste Weg, um Cybercrime entgegenzuwirken? Dies ist die beste Art, sich gegen Datendiebstahl oder Geschäftsidentitätsdiebstahl zu schützen – Option eins: Warten Sie darauf, dass es passiert und reagieren Sie – oder Option zwei: Ergreifen Sie offensive, proaktive Schritte, um kompromittierte Informationen im Dark Web zu finden und zu bereinigen.

IST ES SICHER, DURCH DAS DARKNET ZU BROWSEN?

- Es hängt von dem Faktor ab, mit dem Sie versuchen, auf die DARKNET-Unterwelt zuzugreifen. Sehr viel legaler und illegaler Inhalt ist auf DARKNET-Websites verfügbar. Es ist 100% sicher, den legalen Inhalt zu surfen.

- Wenn Sie aber auf illegalen Inhalt zugreifen oder versuchen, irgendetwas Illegales zu kaufen oder zu verkaufen, wie Drogen, Waffen, Auftragsmörder usw., dann wird man Sie hochnehmen.

- Wenn Sie sicher im Dark Web sein wollen, verwenden Sie unseren stärksten NordVPN, der am meisten von unserer Gemeinschaft empfohlen wird. Vergleichen Sie auch die anderen mächtigen VPNs (Virtual Private Network), die im Internet verfügbar sind.

WIE GROß IST DAS DARKNET?

- Es ist unvorstellbar. Sie können die Größe des Dark Web nicht einschätzen.

- Beinah jede Information, die nicht vom Googlebot oder anderen Suchmaschinen indiziert oder erfasst werden kann, ist versteckt.

- Es gibt einen Marktplatz im Dark/Deep Web, auf dem Sie Drogen, Waffen, Inhalte für Erwachsene usw. kaufen können.

- Es ist viel mehr im DARKNET erhältlich als im normalen Web.

- Wenn Sie das Internet an der Oberfläche ankratzen, bekommen Sie wahrscheinlich nur 4 % der Informationen.

- Aber es gibt tiefer gelegene Informationen, genannt Deep/Dark Web, wo Sie viel mehr Webseiten bekommen können.

- Ungefähr 96 % der Information ist in der DARKNET-Unterwelt versteckt.

- Es beinhaltet legales und illegales Zeug.

VORTEILE:

- Anonymität (Anonymität bedeutet Freiheit) ist einer der größten Vorteile der Darknet-Marktplätze. Niemand muss Ihren Namen kennen, wenn Sie einen illegalen Artikel erwerben wollen.

- Wenn User z.B. Drogen auf diesen anonymen Online-Marktplätzen kaufen wollen, werden sie wahrscheinlich billigere Produkte als auf der Straße finden. Ebenso sind Händler willens, Rabatte anzubieten, wenn Kunden in großen Mengen kaufen.

- Kein physischer Kontakt mit dem Händler ist ein weiterer wichtiger Grund, warum Leute das DARKNET wählen, statt Produkte auf der Straße zu kaufen. User müssen keine Angst haben, dass sie jemand sieht oder sie während des Kaufs verhaftet werden.

- Sie können viele Produkte kaufen, die in Ihrem Land nicht erhältlich sind. Manche Artikel, die auf Darknet-Märkten verkauft werden, sind nicht in jedem Land erhältlich. Leute können so ziemlich jede Droge finden, die es gibt, und es ist nur einen Klick entfernt.

- Bequemlichkeit ist ein weiterer Grund, warum Leute dazu neigen, Drogen und Waffen von Darknet-Händlern zu kaufen. User müssen nicht nach einem Dealer suchen oder fahren, um das Produkt zu kaufen. Alles, was sie brauchen, kann aus dem Komfort ihres Zuhauses erledigt werden, und das Produkt wird an ihre Lieferadresse in Nullkommanichts ankommen.

- Das Gute an Darknet-Marktplätzen ist die starke Community. User können ihre Erfahrungen austauschen und Rat über einen bestimmten Händler geben

- Transferien Sie jeden Betrag ganz ohne Steuern
- Man kann Geschäfte mit Bitcoin starten
- Privatsphäre
- Redefreiheit

NACHTEILE:

Leute, die Produkte im DARKNET kaufen, sollten immer bedenken, dass sie nicht sicher genug sein können und große Probleme mit dem Gesetz bekommen können. Wenn man Drogen kauft, kann man eine Geldstrafe bekommen und sogar im Gefängnis landen. Sie müssen alle Ratschläge in Bezug auf den Tor Browser befolgen, wenn Sie es vermeiden wollen, verhaftet zu werden. Stellen Sie auch sicher, ein geeignetes VPN Protokoll zu verwenden. Nichtsdestotrotz: Wenn der User eine Waffe kaufen möchte, um einen terroristischen Akt zu vollführen, kann er lebenslang im Gefängnis landen.

Kunden können nie sicher sein, dass das, was sie bestellen, das ist, was sie bekommen werden. Was sie tun können, ist, Produkte von vertrauenswürdigen Stellen zu bestellen. Geld in Online-Wallets zu speichern ist ein weiterer Nachteil, Produkte auf DARKNET-Märkten zu kaufen. User sollten Bitcoins immer in ihren persönlichen Wallets behalten, bis sie bereit sind, ein Produkt zu erwerben.

Versandblockierungen sind immer ein Risikofaktor, wenn Ihre Bestellung eine internationale Grenze überqueren muss. Ebenso erhöht sich das Risiko Ihres Händlers, erwischt zu werden.

Es gibt die große Wahrscheinlichkeit, dass mit manchen DARKNET-Märkten Probleme auftreten. Manche Märkte können für einen Monat down sein.

Ein weiterer Nachteil, Produkte im DARKNET zu kaufen, besonders Drogen, ist, dass Sie nie die Qualität des Produkts überprüfen können. Wenn das Produkt erst mal angekommen ist, gibt es keinen Weg, Ihr Geld zurückzukriegen.

Das Einzige, was Sie machen können, ist, dem Händler eine negative Bewertung zu geben.

Negativer Inhalt – Ein Problem, das Besucher des Deep Web – auch als Dark Web bekannt – erleben, ist negativer Inhalt. Arten von Material, die aus normalen Suchmaschinen ausgefiltert werden, sind offen verfügbar; viele Seiten im DARKNET zeigen illegalen Inhalt an, der sich auf Drogen, Gewalt, private Informationen oder Pornographie bezieht.

Fazit

Wenn Sie etwas im Dark Web erwerben wollen, sollten Sie immer die möglichen Konsequenzen bedenken.

Obwohl es nicht völlig sicher ist und User bestraft werden können, wenn sie erwischt werden, kaufen Millionen Kunden immer noch Produkte von Darknet-Marktplätzen.

Der Grund dafür ist die Anonymität und die breite Palette an erhältlichen Artikeln.

Wenn Sie sicher sein wollen, während Sie das Dark Web browsen, sollten Sie stets ein geeignetes VPN-Protokoll verwenden und die Richtlinien befolgen, die Tor empfiehlt, wie:

- Verwenden Sie Ihren Browser nicht im Vollbild-Modus
- Verwenden Sie kein Skype oder irgendein anderes Programm, das Ihre IP-Adresse leaken könnte